경희한국어

첫걸음

ENGLISH VERSION

경희한국어

첫걸음

ENGLISH VERSION

초판1쇄 발행 2019년 12월 10일
초판3쇄 발행 2024년 10월 2일

지은이 유수정 김영은 서진숙 홍윤기
옮긴이 Michelle Kim Krystal Bevan
펴낸이 김진상
펴낸곳 경희대학교 출판문화원
일러스트 이미지포유
주소 서울 동대문구 경희대로 26
전화 02-961-0106~8
팩스 02-961-0291
설립 1960년 9월 16일 제5-8호
등록 1977년 11월 8일 제6-5호
홈페이지 www.khupress.com
전자우편 press@khu.ac.kr

ISBN 978-89-8222-642-7 (14700)
978-89-8222-641-0 (14700) 세트

경희 한국어 첫걸음

KYUNG HEE UNIVERSITY

ENGLISH VERSION

경희대학교 출판문화원

머리말

경희대학교 국제교육원은 1993년에 한국어교육 과정을 개설한 이래 학습자가 한국어와 한국 문화를 재미있게 배울 수 있도록 노력해 왔다. 국제교육원과 출판문화원은 그동안 소통하고 협업하여 《한국어_Exploring Korean》, 《혼자 공부하는 한국어_Exploring Korean Workbook》을 출간한 바 있다. 그리고 이번에 그간의 교수 학습의 성과를 기초로 하여 《경희한국어》를 새롭게 출간한다.

이번에 출간하는 한국어 교재는 《경희한국어》 '첫걸음', '초급1 문법', '초급1 듣고 말하기', '초급1 읽고 쓰기', '초급2 문법', '초급2 듣고 말하기', '초급2 읽고 쓰기'이다. 핵심 문법 항목의 체계적인 학습을 위해 '문법'을 따로 만들었으며 '듣고 말하기'와 '읽고 쓰기'는 기능 교육의 유기적 통합을 지향하였다. 각 교재에는 영어 번역을 달아 학습자의 이해를 꾀하였다.

'첫걸음'은 한국어에 입문하는 학습자가 쉽고 빠르게 한글 자모를 익히고 음절 구조를 이해하도록 만들었다.
'문법'은 학습자가 반드시 익혀야 할 문법 항목을 위주로 학습 내용을 채웠다. 연습문제와 과제를 넉넉히 제시하여 해당 문법의 의미와 기능을 익히도록 하였으며 적절한 상황 맥락을 제시하여 문법 항목을 활용해 말하기 활동을 하도록 하였다.
'듣고 말하기'는 주제와 관련된 듣기 활동과 말하기 활동이 긴밀하게 연관되도록 구성하였다. 주제에 따라서 듣기와 말하기 활동을 균등하게 배치하거나 어느 한 기능을 조금 더 강조하였다. 듣기를 통해 이해한 내용이 말하기의 주요 소재가 되도록 하였으며 다양한 상황을 제시하여 학습자가 스스로 응용하여 말할 수 있도록 내용을 짰다. 특별히 실제 대화 상황과 장면을 학습자가 눈과 귀로 이해하고 실생활에서 활용할 수 있도록 비디오클립으로 제작하여 교재에 담았다.
'읽고 쓰기'는 주제에 관한 읽기 활동과 쓰기 활동이 유기적으로 결합되도록 구성하였다. 학습자 수준에 부합하는 읽기 자료를 제공함으로써 한국어 텍스트에 대한 문식력을 키우도록 하였다. 더불어 읽기 텍스트를 모방하는 쓰기 활동뿐만 아니라 학습자가 자신의 문화적 배경, 경험, 지적 능력을 충분히 발현하여 쓰기 활동을 할 수 있도록 쓰기 과제를 구성하였다.

《경희한국어》 출간에 맞추어 국제교육원은 경희사이버대학교와 함께 온라인 한국어 강의도 개발하였다. 학습자가 《경희한국어》 온라인 강의를 자율적으로 학습함으로써 보다 정확하고 유창한 한국어를 구사할 수 있도록 설계하였다. 아울러 학습자가 수동적인 자세에서 벗어나 능동적이고 적극적인 학습자로 성장해 나가도록 체계적이고 효율적인 모바일 LMS를 마련하였다.

마지막으로 《경희한국어》 집필위원과 출판문화원 교직원들께 고마움을 전한다. 이분들의 헌신이 없었다면 이 교재는 세상에 나오지 못했다. 교재 발간 시작에서 마무리까지 이분들의 손길이 가득하다. 아울러 《경희한국어》 출간을 물심양면으로 지원해 주신 학교 관계자들께도 깊이 감사드린다.

2019년 12월

경희대학교 《경희한국어》 교재편찬위원회

Preface

Kyung Hee University Institute of International Education(IIE) has strived to help learners learn Korean language and culture in a fun way since it launched its Korean language curriculum in 1993. IIE and Kyung Hee University Press previously collaborated on *Korean: Exploring Korean* and *Korean: Exploring Korean Workbook*. We are publishing a new version of *Kyung Hee Korean*, updated based on our recent teaching and learning experiences.

IIE is publishing seven companion volumes: *Kyung Hee Korean 'First Step', 'Beginning 1 Grammar', 'Beginning 1 Listening and Speaking', 'Beginning 1 Reading and Writing', 'Beginning 2 Grammar', 'Beginning 2 Listening and Speaking', and 'Beginning 2 Reading and Writing.'* This separation of the systematic learning of essential grammatical features from other language skills is in line with functional approaches to learning.

The first volume, *First Step*, is aimed at quickly equipping new learners with a solid understanding of Korean consonants, vowels, and syllable structures.

The *Grammar* volumes contain the grammatical structures that learners should acquire at each of the two beginning levels. Exercise questions and assignments are provided to help them understand the target structures and their functions, and realistic scenarios are also provided to enable them to practice speaking using such structures.

In the *Listening and Speaking* volume, the listening and speaking activities are closely connected, with the topics of the speaking activities being the content acquired through listening. Depending on the precise topic, these two skills can be given equal weight, or one can be emphasized more. Various realistic situations are provided to help learners apply their understanding, and they are accompanied by video clips that have been designed to deepen such understanding.

The *Reading and Writing* volume integrates the two skills organically. Appropriate reading materials are provided to help readers achieve the general goal of Korean literacy development.

IIE has also developed a series of online Korean lectures in collaboration with Kyung Hee Cyber University, aimed at facilitating learners' independent study of Korean, and especially, the development of their accuracy and fluency. Additionally, the Institute offers systematic and efficient mobile-based LMS to help learners go beyond passive learning and become active and passionate learners.

Lastly, we would like to thank *Kyung Hee Korean* editorial board and Kyung Hee University Press faculty and staff. Without their dedication at all stages of the development and publication process, this textbook would not have come to fruition. We would also like to extend our gratitude to the administration of Kyung Hee University for their generous support.

December 2019

Kyung Hee University *Kyung Hee Korean* Textbook Publishing Committee

일러두기

이 책은 **경희한국어 첫걸음** 교재이다. 한국의 문자인 한글의 기본 원리를 이해한 후 사용할 수 있도록 한글 자모와 음절 연습 및 어휘 연습 활동으로 구성하였다. 또한 한글 자모의 결합 과정을 생생하게 배울 수 있도록 QR 코드로 영상을 제공하였다.

그리고 짧은 기간 동안 한국생활을 하는 외국인을 위하여 숫자와 가격, 위치, 한국문화를 알 수 있도록 준비편을 추가로 구성하였다. 준비편을 통해 한국어를 배우는 예비 학습자는 한국어 문장의 기본 구조를 확인할 수 있으며 한국에서 잠시 생활하고자 하는 외국인은 한국 생활에 필요한 기초 의사소통을 할 수 있는 능력을 갖출 수 있다.

마지막으로 한글을 배울 때 경험할 수 있는 재미있는 한국 문화 정보와 유용한 정보를 구성하여 학습자가 한글 학습의 흥미를 유지할 수 있게 하였다.

◆ 예비편의 단원 구성과 학습 시간

예비편은 모두 10개의 단원으로 3일~4일 정도의 학습 분량으로 구성하였다. 학습자가 예비편 단계에서 한국어에 대한 호기심을 잃지 않도록 모음1+자음1, 모음2+자음2와 같이 자모 제시 순서를 조정하였으며 학습자는 광고, 간판 등 실생활 자료에서 그날 배운 단어를 찾는 과제를 수행할 수 있다.

한국어과정에서 예비편의 학습 시간 예는 다음과 같으며 학습이 더 필요한 경우 준비편의 어휘를 추가로 가져올 수 있다.

	1일	2일	3일
2시간	1. 한국어와 한글 2. 모음 1	4. 모음 2 5. 자음 2	8. 받침 1 9. 받침 2
2시간	3. 자음 1	6. 모음 3 7. 자음 3	10. 종합 연습

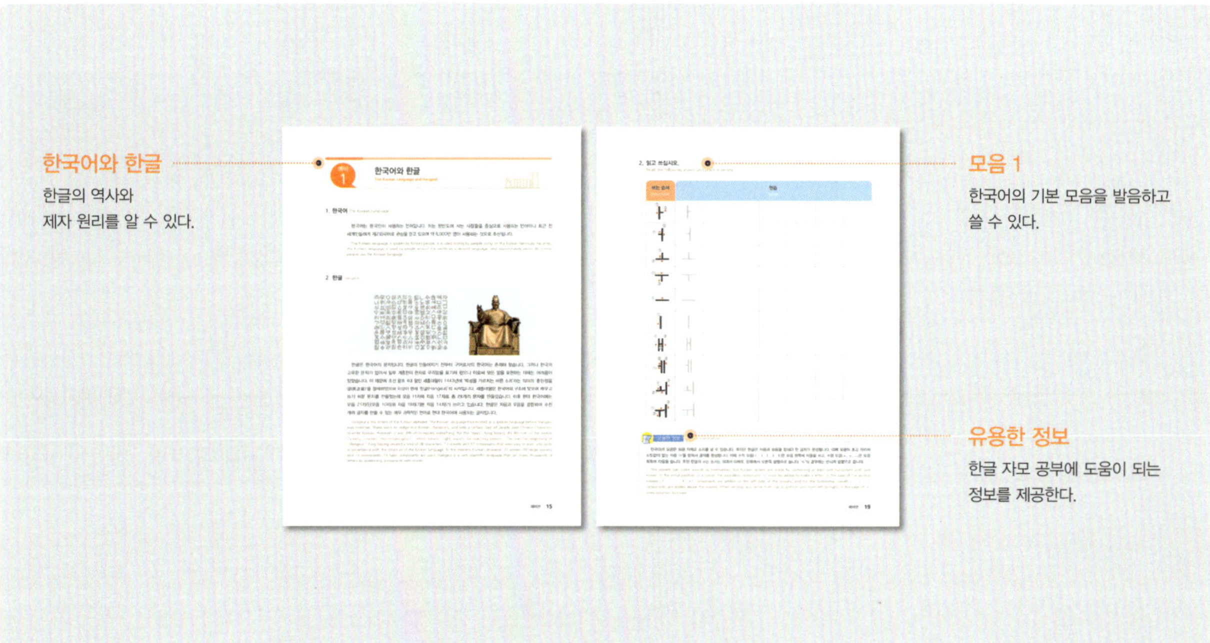

◆준비편의 단원 구성

준비편은 한글을 배운 학습자가 한국어 어휘를 충분히 연습할 수 있도록 다양한 어휘 활동으로 구성하였다. 그림 보고 어휘 학습하기, 제시된 어휘 따라 쓰기, 초성 보고 어휘 추측하기 등의 다양한 어휘 활동이 제시되어 있다. 또한 단기 학습자를 위하여 위치, 가격, 음식 등 한국 생활에 필요한 기본 어휘와 대화를 제시하여 한글 학습뿐만 아니라 한국 생활에 필요한 한국어 공부도 할 수 있도록 구성하였다.

준비편은 모두 10개의 단원이며 인사 · 교실 표현, 교실 · 장소, 한국, 얼굴 · 몸, 음식, 요일, 위치 · 지시어, 숫자, 한국어 문장의 기본 구조와 종합 연습으로 구성되어 있다.

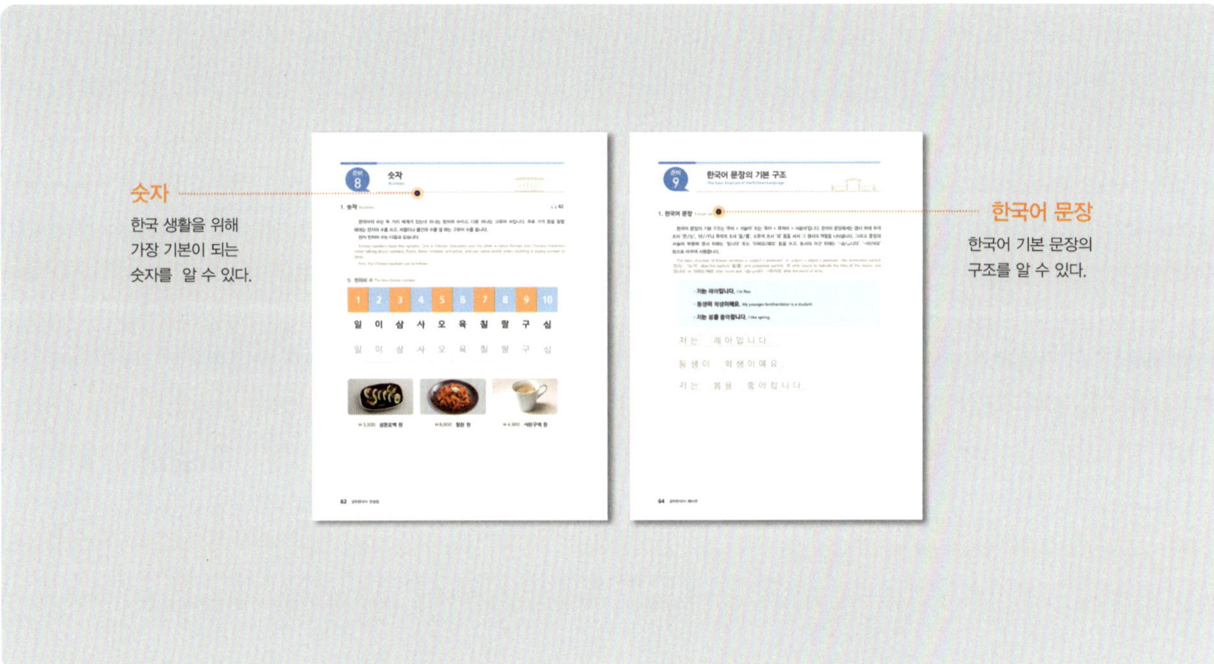

◆부록

부록은 생활 한국어와 모범 답안, 자모 카드로 구성되어 있다.

How to use this textbook

This book is *Kyung Hee Korean First Step* textbook. *Kyung Hee Korean First Step* provides learners with practice exercises which focus on Korean consonants, vowels, syllables and word practice activities which learners can engage in with once they understand the fundamental principles of Hanguel. It also includes QR codes that links to videos with detailed demonstrations on how consonants are combined with vowels.

For short-term visitors, Kyung Hee Korean Preparation provides lessons on numbers, price, location, and Korean culture.

Kyung Hee Korean Preparation introduces the Korean language learner to the basic structure of the Korean language. Meanwhile, foreigners wishing to live in Korea short term, are able to acquire basic communication skills required for life in Korea.

Lastly, this book also includes interesting Korean cultural information and useful tips for learners to deepen their interest in studying Hangeul.

◆The Organization of Preliminary and Study Time

Kyung Hee Korean Preliminary consists of 10 lessons, requiring 3 to 4 day study-time. The order of presenting consonants and vowels is arranged as consonants 1+vowels 1 and consonants 2+vowels 2 in order to maintain students interest in studying Korean. Learners are asked to do exercises such as recording new words they have learned from class in Korean advertisements and signs.

A Korean language program using Preliminary might run as illustrated below. Should supplementary lessons be required, the vocabulary presented in Preparation can be used.

	Day 1	Day 2	Day 3
2 hours	Preliminary 1. The Korean language and Hangeul Preliminary 2. Vowels 1	Preliminary 4. Vowels 2 Preliminary 5. Consonants 2	Preliminary 8. Final consonants 1 Preliminary 9. Final consonants 2
2 hours	Preliminary 3. Consonants 1	Preliminary 6. Vowels 3 Preliminary 7. Consonants 3	Preliminary 10. Comprehensive Exercises

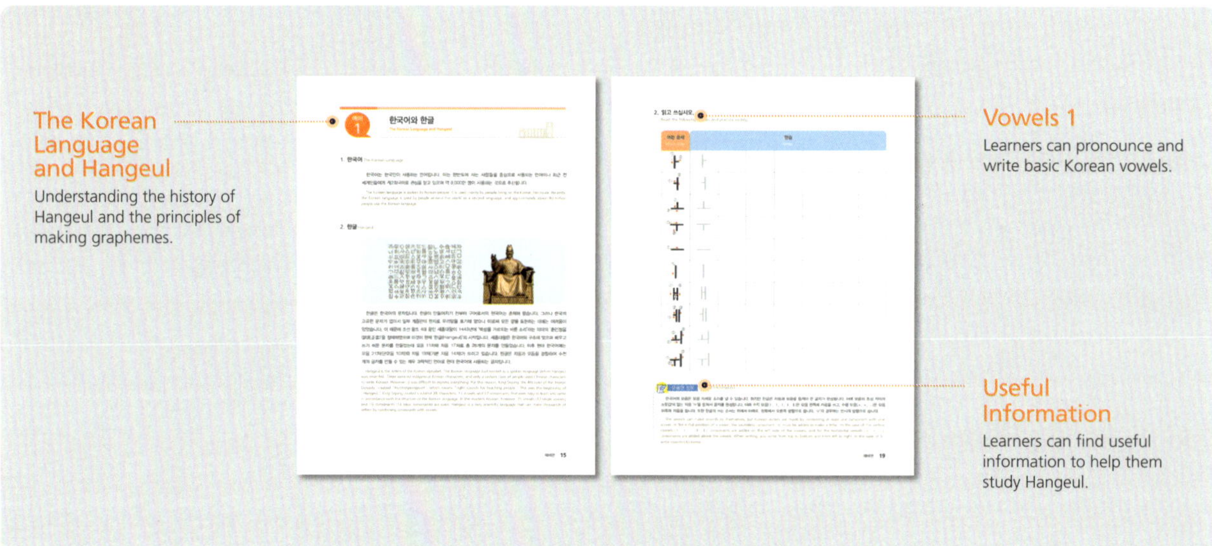

◆The Organization of Preparation

Kyung Hee Korean Preparation is comprised of a variety of vocabulary exercises to support students in their learning and provides students with activities such as learning words with pictures, copying given words, and guessing words when given only the initial letters. In addition, for learners on short term programs, basic words to do with location, price, and food etc, and dialogues are included so learners can not only learn Hangeul but also study Korean language necessary for life in Korea.

Preparation consists of 10 lessons. The lessons are presented in the following order: greetings·classroom language, classroom·place, the country of Korea, face·body, food, days of the week, location·deictic words, numbers, the basic structure of the Korean sentences and comprehensive exercises.

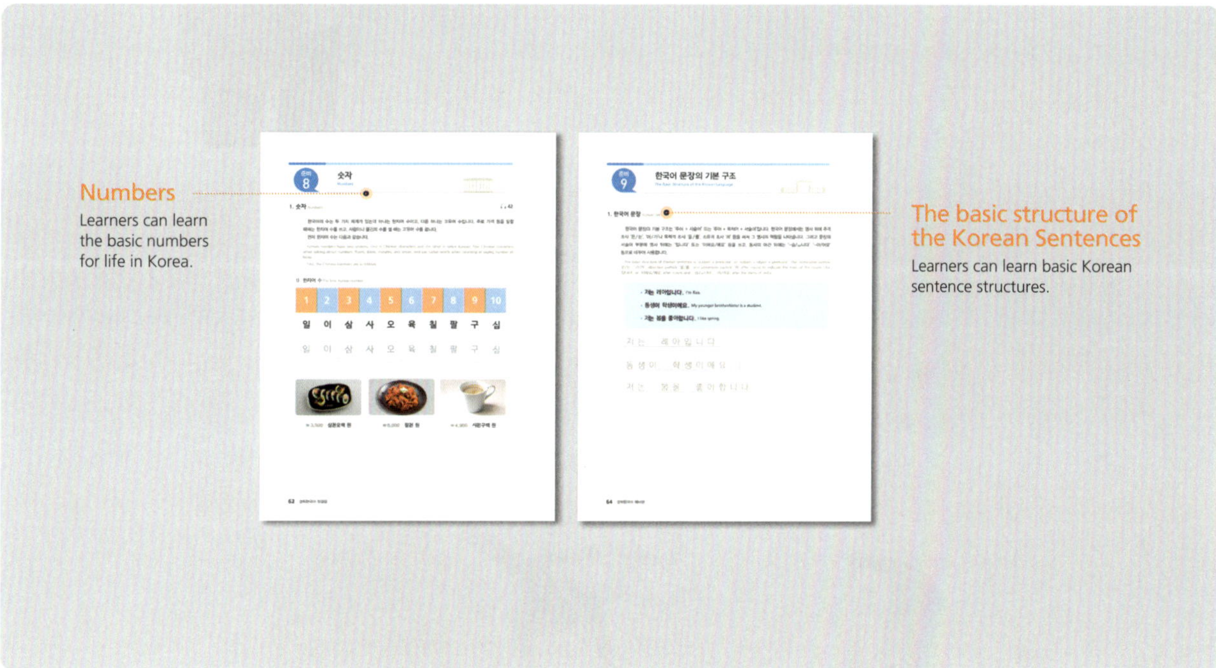

◆Appendix

The appendix consists of 'Daily Korean' , 'Answer Sheet' and 'Korean Alphabet Cards.'

등장인물

자이튼 사닐
Zeitoun Sanil
터키
학생

김은영
Kim Eunyeong
한국
한국어 선생님

레아 마르텡
Lea Martin
프랑스
학생

루카스 윌리엄스
Lucas Williams
미국
학생

응웬 티 흐엉
Nguyen Thi Huong
베트남
학생

장민
Zhang Min
중국
학생

최지아
Choi Jia
한국
대학생

이반 이바노프
Ivan Ivanov

러시아
학생

한나 요한손
Hanna Johansson

스웨덴
학생

사토 나츠미
Sato Natsumi

일본
학생

이준서
Lee Junseo

한국
대학생

리첸
Lee Chen

싱가포르
회사원

타냐 모코닌
Tanya Mokonin

에티오피아
회사원

박상진
Park Sangjin

한국
회사원

CONTENTS

차례

예비편

준비편

부록

KYUNG HEE UNIVERSITY

예비 1

한국어와 한글

The Korean Language and Hangeul

1. 한국어 The Korean Language

한국어는 한국인이 사용하는 언어입니다. 이는 한반도에 사는 사람들을 중심으로 사용되는 언어이나 최근 전 세계인들에게 제2외국어로 관심을 얻고 있으며 약 8,000만 명이 사용하는 것으로 추산됩니다.

The Korean language is spoken by Korean people. It is used mainly by people living on the Korean Peninsula. Recently, the Korean language is used by people around the world as a second language, and approximately about 80 million people use the Korean language.

2. 한글 Hangeul

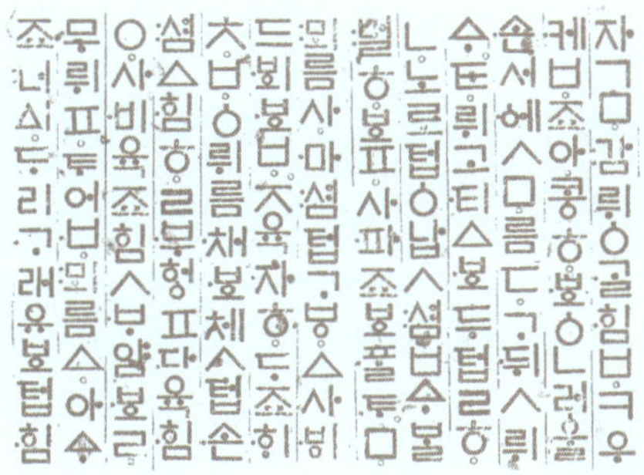

한글은 한국어의 문자입니다. 한글이 만들어지기 전부터 구어로서의 한국어는 존재해 왔습니다. 그러나 한국의 고유한 문자가 없어서 일부 계층만이 한자로 우리말을 표기해 왔으나 이로써 모든 말을 표현하는 데에는 어려움이 있었습니다. 이 때문에 조선 왕조 4대 왕인 세종대왕이 1443년에 '백성을 가르치는 바른 소리'라는 의미의 '훈민정음(訓民正音)'을 창제하였으며 이것이 현재 '한글(Hangeul)'의 시작입니다. 세종대왕은 한국어의 구조에 맞으며 배우고 쓰기 쉬운 문자를 만들었는데 모음 11자와 자음 17자로 총 28개의 문자를 만들었습니다. 이후 현대 한국어에는 모음 21자(단모음 10자)와 자음 19자(기본 자음 14자)가 쓰이고 있습니다. 한글은 자음과 모음을 결합하여 수천 개의 글자를 만들 수 있는 매우 과학적인 언어로 현대 한국어에 사용되는 글자입니다.

Hangeul is the letters of the Korean alphabet. The Korean language had existed as a spoken language before Hangeul was invented. There were no indigenous Korean characters, and only a certain class of people used Chinese characters to write Korean. However, it was difficult to express everything. For this reason, King Sejong, the 4th ruler of the Joseon Dynasty, created "Hunminjeongeum", which means "right sounds for teaching people." This was the beginning of "Hangeul." King Sejong created a total of 28 characters, 11 vowels and 17 consonants that were easy to learn and write in accordance with the structure of the Korean language. In the modern Korean, however, 21 vowels (10 single vowels) and 19 consonants (14 basic consonants) are used. Hangeul is a very scientific language that can make thousands of letters by combining consonants with vowels.

1) 한국어의 모음 Korean Vowels

한국어의 모음(母音, vowel)은 우주의 기본 3요소인 하늘(heaven, •), 땅(earth, ㅡ), 사람(man, ㅣ)을 기본으로 만들어졌습니다. '•'는 하늘의 태양, 혹은 우주의 원형을 나타내고, 'ㅡ'는 땅을 나타내며, 'ㅣ'는 서 있는 사람의 모습을 나타냅니다. 이 세 가지를 조합하여 10개의 단모음과 11개의 이중모음을 만들었습니다.

The vowels of the Korean language are made based on the three basic elements of the universe: heaven, earth, and man. '•' represents the sun in the sky or the circle of the universe, 'ㅡ' represents the earth, and 'ㅣ' represents a man standing. By combining these three, 10 single vowels and 11 diphthongs are made.

•	ㅡ	ㅣ

하늘	땅	사람

ㅣ + • → ㅏ	ㅣ•		ㅣ + ㅏ → ㅑ	ㅣ:
• + ㅣ → ㅓ	•ㅣ		ㅣ + ㅓ → ㅕ	:ㅣ
• + ㅡ → ㅗ	ᆞ/ㅡ		ㅣ + ㅗ → ㅛ	ᆢ/ㅡ
ㅡ + • → ㅜ	ㅡ/ᆞ		ㅣ + ㅜ → ㅠ	ㅡ/ᆢ

앞으로 우리가 배우게 될 현대 한국어 모음은 다음과 같습니다.

We will learn the following modern Korean vowels.

단모음 10개 10 Single Vowels	ㅏ	ㅓ	ㅗ	ㅜ	ㅡ	ㅣ	ㅐ	ㅔ	ㅚ	ㅟ
이중모음 11개 11 Double Vowels	ㅑ	ㅕ	ㅛ	ㅠ	ㅢ					
	ㅒ	ㅖ	ㅘ	ㅝ						
			ㅙ	ㅞ						

2) 한국어의 자음 Korean Consonants

한국어의 자음(子音, consonant)은 해당 자음을 발음할 때의 조음 위치와 조음 방식에 따른 발음기관(vocal organ)의 모양을 본떠서 만들어졌습니다. 기본 자음 5자(ㄱ, ㄴ, ㅁ, ㅅ, ㅇ)를 바탕으로 하여, 같은 위치에서 소리 나는 자음들은 기본자에 획(stroke)을 더해 만들어졌기 때문에 글자와 소리 사이에 긴밀한 관계가 있습니다.

The Korean consonants are made based on the place and manner or articulation of the vocal organ. Consonants that make sound in the same place of articulation are made by adding strokes to the five basic consonants, so characters and sound are closely related.

ㄱ	ㄴ	ㅁ	ㅅ	ㅇ
	↓	↓	↓	
↓	ㄷ, ㄹ	ㅂ	ㅈ	↓
	↓	↓	↓	
ㅋ	ㅌ	ㅍ	ㅊ	ㅎ

앞으로 우리가 배우게 될 현대 한국어 자음은 다음과 같습니다.

We will learn the following modern Korean consonants.

기본 자음 14개 Basic Consonants	ㄱ	ㄴ	ㄷ	ㄹ	ㅁ	ㅂ	ㅅ	ㅇ	ㅈ	ㅊ	ㅋ	ㅌ	ㅍ	ㅎ
겹자음 5개 Double Consonants	ㄲ		ㄸ			ㅃ	ㅆ		ㅉ					

예비 2

모음 1
Vowels 1

1. 듣고 따라 하십시오.
Listen and repeat.

1

글자 Character	ㅏ	ㅓ	ㅗ	ㅜ	ㅡ	ㅣ
소리 Pronunciation	아	어	오	우	으	이
입모양 Mouth Shape	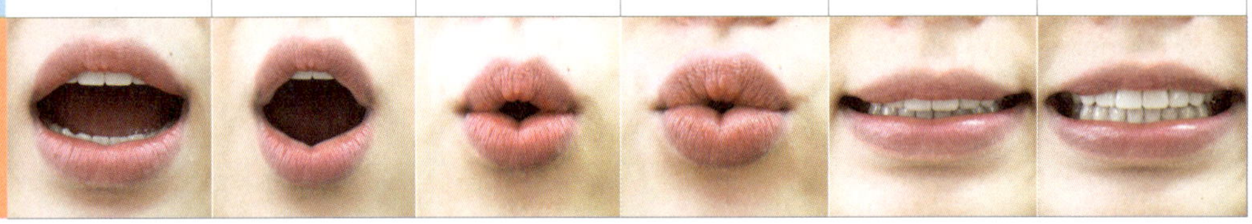					

글자 Character	ㅐ	ㅔ	ㅚ	ㅟ
소리 Pronunciation	애	에	외	위
입모양 Mouth Shape	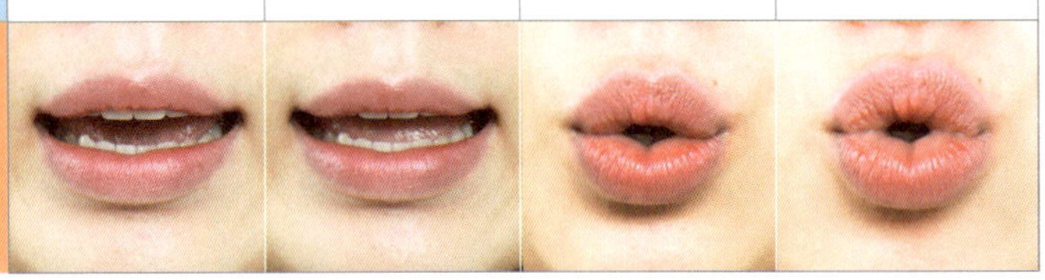			

유용한 정보 Useful Information

'외', '위'는 최근 이중모음으로 발음하는 사람들도 많습니다.

Nowadays, there are also a lot of people who pronounce '외' and '위' as diphthongs.

2. 읽고 쓰십시오.

Read the following vowels and practice writing.

쓰는 순서 Stroke order	연습 Write						
ㅏ	ㅏ						
ㅓ	ㅓ						
ㅗ	ㅗ						
ㅜ	ㅜ						
ㅡ	ㅡ						
ㅣ	ㅣ						
ㅐ	ㅐ						
ㅔ	ㅔ						
ㅚ	ㅚ						
ㅟ	ㅟ						

유용한 정보 Useful Information

한국어의 모음은 모음 자체로 소리를 낼 수 있습니다. 하지만 한글은 자음과 모음을 합쳐야 한 글자가 완성됩니다. 이에 모음의 초성 자리에 소릿값이 없는 자음 'ㅇ'을 합쳐서 글자를 완성합니다. 이때 수직 모음(ㅏ, ㅓ, ㅣ, ㅐ, ㅔ)은 모음 왼쪽에 자음을 쓰고, 수평 모음(ㅗ, ㅜ, ㅡ)은 모음 위쪽에 자음을 씁니다. 또한 한글의 쓰는 순서는 위에서 아래로, 왼쪽에서 오른쪽 방향으로 씁니다. 'ㅇ'의 경우에는 반시계 방향으로 씁니다.

The vowels can make sounds by themselves, but Korean letters are made by combining at least one consonant with one vowel. In the initial position of a vowel, the soundless consonant, 'ㅇ' must be added to make a letter. In the case of the vertical vowels (ㅏ, ㅓ, ㅣ, ㅐ, ㅔ), consonants are added on the left side of the vowels, and for the horizontal vowels (ㅗ, ㅜ, ㅡ), consonants are added above the vowels. When writing, you write from top to bottom and from left to right. In the case of 'ㅇ', write counterclockwise.

3. 읽고 쓰십시오.

Read the following vowels and practice writing.

쓰는 순서 Stroke order	아	어	오	우	으	이	애	에	외	위
연습 Write	아	어	오	우	으	이	애	에	외	위

4. 단어를 읽고 쓰십시오. 2

Read the words and write them.

이

이

오

오

아이

아이

오이

오이

5. 잘 듣고 맞는 것을 고르십시오. 3

Listen carefully and choose the correct one.

1) ① 아 ② 어

2) ① 오 ② 우

3) ① 으 ② 이

4) ① 오 ② 아 ③ 어

5) ① 이 ② 우 ③ 오

6) ① 아이 ② 어이 ③ 오이

예비 3

자음 1

Consonants 1

1. 읽고 쓰십시오.

Read and write.

글자 Character	이름 Name	쓰는 순서 Stroke order	연습 Write			
ㄱ	기역	①ㄱ	ㄱ			
ㄴ	니은	①ㄴ	ㄴ			
ㄷ	디귿	①②ㄷ	ㄷ			
ㄹ	리을	①②③ㄹ	ㄹ			
ㅁ	미음	①②③ㅁ	ㅁ			
ㅂ	비읍	①②③④ㅂ	ㅂ			
ㅅ	시옷	①②ㅅ	ㅅ			

유용한 정보 Useful Information

한글은 자음과 모음을 합쳐야 하나의 글자를 만들 수 있습니다. 모음은 스스로 소리를 낼 수 있지만 자음은 모음과 결합해야 소리를 낼 수 있기 때문에 여기에서는 자음의 소리를 가장 잘 나타낼 수 있는 '으'를 합쳐서 자음의 발음을 연습합니다.

A letter is made by combining at least one consonant with one vowel. The vowels can make sounds by themselves, but in the case of consonants, they must be combined with vowels. Here, we practice the pronunciation of the consonants by combining '으' which best represents the sound of the consonant.

2. 잘 듣고 빈칸에 쓰십시오.

🎧 4

Listen carefully and write the vowels and consonants.

모음 / 자음	ㅏ	ㅓ	ㅗ	ㅜ	ㅡ	ㅣ	ㅐ	ㅔ	ㅚ	ㅟ
ㄱ	가							게		
ㄴ		너							뇌	
ㄷ			도							뒤
ㄹ				루						
ㅁ					므					
ㅂ						비				
ㅅ							새			

유용한 정보 Useful Information

자음 'ㄱ'은 뒤에 오는 모음에 따라 글자 모양이 바뀔 수 있습니다. 수직 모음과 함께 쓸 때에는 '가, 거, 기 …'와 같이 쓰고, 수평 모음과 함께 쓸 때에는 '고, 구, 그 …'와 같이 씁니다.

The form of the consonant ㄱ is changed by a vowel that follows. You can write 가, 거, and 기 by adding the vertical vowels and 고, 구, and 그 by adding the horizontal vowels.

가	고

3. 단어를 읽고 쓰십시오. 5

Read the words and write them.

구두

구두

나라

나라

다리

다리

머리

머리

보다

보다

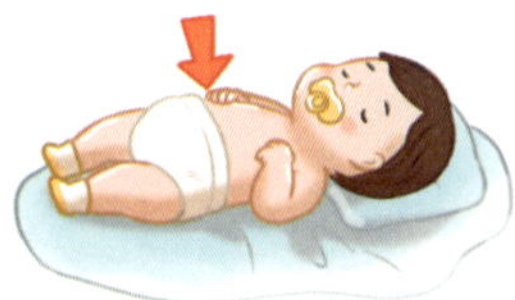

배

배

쇠고기

쇠고기

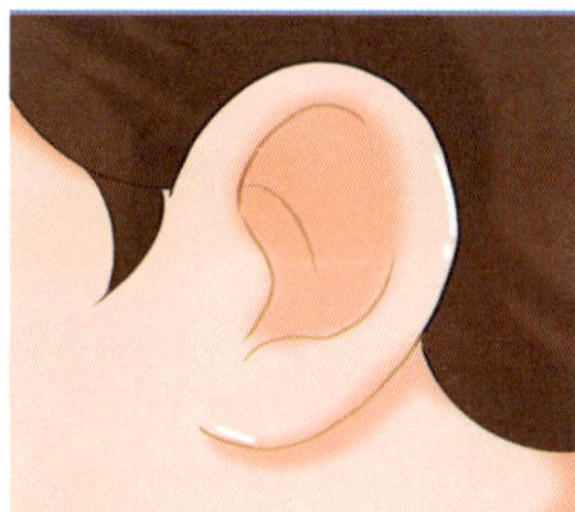

귀

귀

4. 잘 듣고 맞는 것을 고르십시오. 6

Listen carefully and choose the correct one.

1) ① 고 ② 모 ③ 보

2) ① 누 ② 두 ③ 무

3) ① 사 ② 마 ③ 라

4) ① 더 ② 러 ③ 서

5) ① 개 ② 대 ③ 매

6) ① 귀 ② 뒤 ③ 쉬

7) ① 아내 ② 아래

8) ① 다리 ② 나비

9) ① 머리 ② 마리

10) ① 비누 ② 시누

예비 4

모음 2

Vowels 2

1. 듣고 따라 하십시오.

Listen and repeat. 7

글자와 소리 Character & Pronunciation	ㅑ	ㅕ	ㅛ	ㅠ	ㅒ	ㅖ
	야	여	요	유	얘	예

2. 읽고 쓰십시오.

Read the following vowels and practice writing.

쓰는 순서 Stroke order	ㅑ	ㅕ	ㅛ	ㅠ	ㅒ	ㅖ
연습 Write	ㅑ	ㅕ	ㅛ	ㅠ	ㅒ	ㅖ

3. 잘 듣고 빈칸에 쓰십시오. 8

Listen carefully and write the vowels and consonants.

모음 / 자음	ㅑ	ㅕ	ㅛ	ㅠ	ㅒ	ㅖ
ㄱ	갸					
ㄴ		녀				
ㄷ			됴			
ㄹ				류		
ㅁ					먜	
ㅂ						볘
ㅅ					섀	

4. 단어를 읽고 쓰십시오.

Read the words and write them.

🎧 9

야구

야구

여우

여우

요가

요가

요리

요리

유리

유리

우유

우유

얘기

얘기

시계

시계

5. 잘 듣고 맞는 것을 고르십시오.

Listen carefully and choose the correct one.

🎧 10

1) ① 야 ② 여

2) ① 요 ② 유

3) ① 셔 ② 묘 ③ 베

4) ① 뱌 ② 뉴 ③ 됴

5) ① 걔 ② 예 ③ 류

6) ① 요리 ② 유리 ③ 요가

예비 5 자음 2

Consonants 2

1. 읽고 쓰십시오.

Read and write.

글자 Character	이름 Name	쓰는 순서 Stroke order	연습 Write			
ㅇ	이응	ㅇ	ㅇ			
ㅈ	지읒	ㅈ	ㅈ			
ㅊ	치읓	ㅊ	ㅊ			
ㅋ	키읔	ㅋ	ㅋ			
ㅌ	티읕	ㅌ	ㅌ			
ㅍ	피읖	ㅍ	ㅍ			
ㅎ	히읗	ㅎ	ㅎ			

유용한 정보 Useful Information

자음 'ㅋ'은 뒤에 오는 모음에 따라 글자 모양이 바뀔 수 있습니다. 수직 모음과 함께 쓸 때에는 '카, 커, 키 …'와 같이 쓰고, 수평 모음과 함께 쓸 때에는 '코, 쿠, 크 …'와 같이 씁니다.

The form of the consonant 'ㅋ' is changed by a vowel that follows. You can write '카, 커 and 키' by adding the vertical vowels and '코, 쿠, and 크' by adding the horizontal vowels.

쿠	키

2. 잘 듣고 빈칸에 쓰십시오.

11

Listen carefully and write the vowels and consonants.

모음 / 자음	ㅏ	ㅓ	ㅗ	ㅜ	ㅡ	ㅣ	ㅐ	ㅔ
ㅇ	아							에
ㅈ			조					
ㅊ							채	
ㅋ		커						
ㅌ					트			
ㅍ				푸				
ㅎ						히		

유용한 정보 Useful Information

한국 사람들은 친한 사람들과 메시지를 주고 받을 때 자음만 가지고 의사소통을 하는 경우가 있습니다. 예를 들어 'ㅇㅇ'은 '응응(YesYes)', 'ㄴㄴ'은 '노노(NoNo)', 그리고 'ㅇㅋ'은 '오케이(OK)'라는 의미입니다. 그러면 'ㅎㅎ', 'ㅋㅋ'은 무슨 뜻일까요? 각각 '하하/호호', '키키/크크' 이렇게 웃는 소리를 나타내는 표현입니다. 이 밖에도 'ㅊㅎ'은 '축하', 'ㄱㅅ'은 '감사', 'ㅇㅈ'은 '인정'의 의미로 자주 사용됩니다.

When Koreans exchange messages with their close friends, they communicate with each other by using only consonants. For example, they use, 'ㅇㅇ' for '응응(Yes yes)', 'ㄴㄴ' for '노노(No no)', and 'ㅇㅋ' for '오케이(OK).' Then what do 'ㅎㅎ'and 'ㅋㅋ' mean? ㅎㅎ means ' '하하/호호', whereas 'ㅋㅋ' means '키키/크크'. They are expressions for the sound of laughter. Beside these, they use 'ㅊㅎ' for '축하', 'ㄱㅅ' for '감사', and 'ㅇㅈ' for '인정.'

ㅇ	ㅇ

ㅋ	ㅋ

ㅊ	ㅎ

3. **단어를 읽고 쓰십시오.** 12

Read the words and write them.

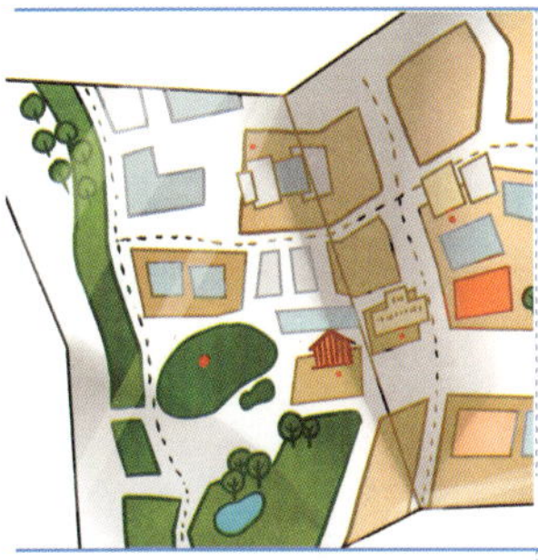

지도

지도

치마

치마

카메라

카메라

커피

커피

토마토

토마토

포도

포도

우표

우표

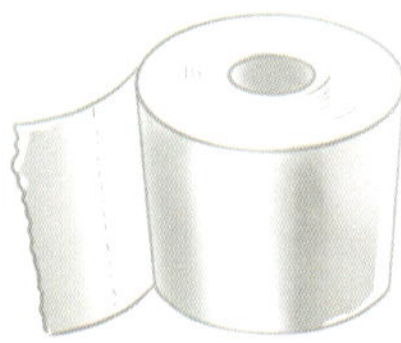

휴지

휴지

4. **잘 듣고 맞는 것을 고르십시오.** 13

Listen carefully and choose the correct one.

1) ① 초 ② 코 ③ 포

2) ① 후 ② 푸 ③ 쿠

3) ① 새 ② 채 ③ 해

4) ① 자다 ② 차다

5) ① 기다 ② 기타

예비 6 모음 3
Vowels 3

1. 듣고 따라 하십시오.
Listen and repeat.

14

글자 Character	ㅘ	ㅙ	ㅝ	ㅞ	ㅢ
소리 Pronunciation	와	왜	워	웨	의

2. 읽고 쓰십시오.
Read the following vowels and practice writing.

쓰는 순서 Stroke order	ㅘ	ㅙ	ㅝ	ㅞ	ㅢ
연습 Write	ㅘ	ㅙ	ㅝ	ㅞ	ㅢ

3. 잘 듣고 빈칸에 쓰십시오. 15

Listen carefully and write the vowels and consonants.

모음 / 자음	ㅘ	ㅙ	ㅝ	ㅞ	ㅢ
ㅇ	와				
ㅈ		좨			
ㅊ		쵀			
ㅋ			쿼		
ㅌ				퉤	
ㅍ					픠
ㅎ					희

4. 단어를 읽고 쓰십시오.

Read the words and write them.

16

과자

과자

사과

사과

돼지

돼지

왜

왜

스웨터

스웨터

웨이터

웨이터

회의

회의

의사

의사

예비 7

자음 3

Consonants 3

1. 읽고 쓰십시오.

Read and write.

글자 Character	이름 Name	쓰는 순서 Stroke order	연습 Write			
ㄲ	쌍기역	①②ㄲ	ㄲ			
ㄸ	쌍디귿	①②③④ㄸ	ㄸ			
ㅃ	쌍비읍	①②③④⑤⑥⑦⑧ㅃ	ㅃ			
ㅆ	쌍시옷	①②③④ㅆ	ㅆ			
ㅉ	쌍지읒	①②③④ㅉ	ㅉ			

2. 잘 듣고 빈칸에 쓰십시오. 17

Listen carefully and write the vowels and consonants.

자음 \ 모음	ㅏ	ㅓ	ㅗ	ㅜ	ㅡ	ㅣ	ㅐ	ㅔ	ㅚ	ㅟ
ㄲ	까					끼				
ㄸ		떠					때			
ㅃ			뽀					뻬		
ㅆ				쑤					쐬	
ㅉ					쯔					쮜

3. 단어를 읽고 쓰십시오. 18

Read the words and write them.

코끼리

코끼리

뛰다

뛰다

아빠

아빠

뽀뽀

뽀뽀

비싸다

비싸다

쓰다

쓰다

짜다

짜다

찌개

찌개

4. 잘 듣고 맞는 것을 고르십시오. 🎧 19

Listen carefully and choose the correct one.

1) ① 가 ② 까

2) ① 뒤 ② 뛰

3) ① 아빠 ② 아파

4) ① 사다 ② 싸다

5) ① 자다 ② 짜다

유용한 정보 Useful Information

한국어의 자음 중에는 비슷한 발음 때문에 외국인들이 어려워하는 글자들이 있습니다.

'ㄱ, ㅋ, ㄲ', 'ㄷ, ㅌ, ㄸ', 'ㅂ, ㅍ, ㅃ', 'ㅅ, ㅆ', 'ㅈ, ㅊ, ㅉ'는 발음할 때 소리 나는 위치는 같지만 소리 내는 방법이 다르기 때문에 종종 헷갈리는 경우가 있습니다. 예를 들어 'ㄱ'는 긴장 없이 편하게 내는 소리인 반면, 'ㅋ'는 'ㄱ'가 발음되는 위치에서 숨을 거칠게 내쉬면서 내는 소리입니다. 또한 'ㄲ'는 'ㄱ'가 발음되는 위치에서 목에 힘을 주어 긴장하며 내는 소리입니다.

평음 Lax consonants	ㄱ	ㄷ	ㅂ	ㅅ	ㅈ
격음 Aspirated consonants	ㅋ	ㅌ	ㅍ		ㅊ
경음 Tense consonants	ㄲ	ㄸ	ㅃ	ㅆ	ㅉ

There are some consonants that foreigners are difficult to pronounce since they sound similar. 'ㄱ, ㅋ, ㄲ', 'ㄷ, ㅌ, ㄸ', 'ㅂ, ㅍ, ㅃ', 'ㅅ, ㅆ', and 'ㅈ, ㅊ, ㅉ' are produced at the same place of articulation, but the manner of articulation is different. For example, 'ㄱ' is produced without any tension in the tongue whereas 'ㅋ' is produced at the same place of articulation as 'ㄱ' but is produced with a strong puff of air. Lastly, 'ㄲ' is produced at the same place of articulation as 'ㄱ' but is produced with great tension in the tongue.

예비 8

받침 1

Final Consonants 1

한국어 글자를 만드는 방식에는 두 가지가 있습니다. 하나는 '자음(Consonant) + 모음(Vowel)' 결합이고, 다른 하나는 '자음(Consonant) + 모음(Vowel) + 자음(Consonant)' 결합입니다. '자음 + 모음 + 자음' 결합의 마지막 자음은 글자의 아래 부분에 쓰며 이것을 '받침'이라고 합니다. 받침에는 ㄸ, ㅃ, ㅉ를 제외한 모든 자음을 쓸 수 있지만 발음은 ㄱ,ㄴ,ㄷ,ㄹ,ㅁ,ㅂ,ㅇ의 7개로 소리가 납니다.

There are two ways to make words in Korean. One of them is by adding a consonant and a vowel (consonant+vowel), and another is by adding a consonant, a vowel and a consonant (consonant+vowel+consonant). In the case of the latter, the second consonant is written underneath the consonant and vowel and is called 'a final consonant'.All consonants are used as final consonant except for ㄸ, ㅃ, ㅉ. However, they are pronounced only in the seven consonants: ㄱ, ㄴ, ㄷ, ㄹ, ㅁ, ㅂ and ㅇ.

1. 듣고 따라 하십시오.

Listen and repeat. 20

받침 글자 Character	받침 소리 Pronunciation	연습 Write			
ㄱ	[ㄱ]	목[목]	목		
ㄲ		밖[박]	밖		
ㅋ		부엌[부억]	부엌		
ㄴ	[ㄴ]	눈[눈]	눈		
ㄷ	[ㄷ]	닫다[닫따]	닫다		
ㅌ		밭[받]	밭		
ㅅ		옷[옫]	옷		
ㅆ		있다[읻따]	있다		
ㅈ		낮[낟]	낮		
ㅊ		꽃[꼳]	꽃		
ㅎ		히읗[히읃]	히읗		
ㄹ	[ㄹ]	물[물]	물		
ㅁ	[ㅁ]	몸[몸]	몸		
ㅂ	[ㅂ]	밥[밥]	밥		
ㅍ		앞[압]	앞		
ㅇ	[ㅇ]	강[강]	강		

2. 글자를 만드십시오.

Make letters.

ㅎ	ㅏ	ㄴ	→	한	ㄱ	ㅜ	ㄱ	→	국
ㅊ	ㅐ	ㄱ	→		ㅂ	ㅏ	ㄲ	→	
ㅇ	ㅓ	ㅋ	→		ㅁ	ㅜ	ㄴ	→	
ㄱ	ㅗ	ㄷ	→		ㅂ	ㅏ	ㅌ	→	
ㅇ	ㅗ	ㅅ	→		ㅇ	ㅓ	ㅆ	→	
ㄴ	ㅡ	ㅈ	→		ㄲ	ㅗ	ㅊ	→	
ㅇ	ㅡ	ㅎ	→		ㄷ	ㅏ	ㄹ	→	
ㅂ	ㅗ	ㅁ	→		ㅇ	ㅣ	ㅂ	→	
ㅇ	ㅕ	ㅍ	→		ㅂ	ㅏ	ㅇ	→	

3. 단어를 읽고 쓰십시오. 21

Read the words and write them.

가족

가족

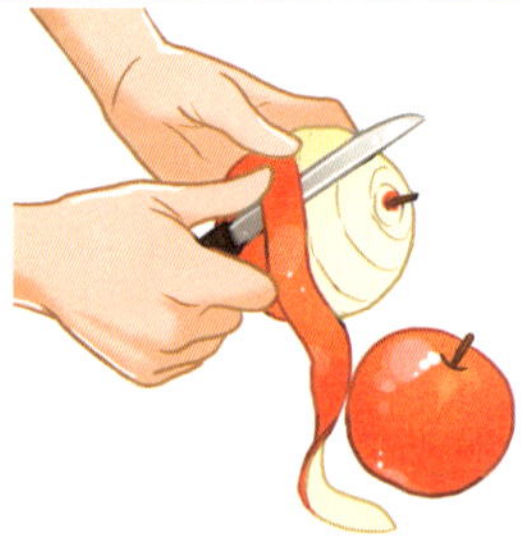

깎다

깎다

한국

한국

듣다

듣다

웃다

웃다

살다

살다

이름

이름

집

집

학생

학생

선생님

선생님

4. 잘 듣고 맞는 것을 고르십시오. 22

Listen carefully and choose the correct one.

1) ① 갈 ② 감 ③ 간

2) ① 낮 ② 난 ③ 낙

3) ① 선 ② 성 ③ 섬

4) ① 밥 ② 밖 ③ 받

5) ① 옷 ② 올 ③ 옹

6) ① 가방 ② 가발

7) ① 사전 ② 사정

8) ① 지갑 ② 지각

9) ① 간기 ② 감기

10) ① 항생 ② 학생

5. 잘 듣고 쓰십시오. 23

Listen carefully and write.

1) ______________________________

2) ______________________________

3) ______________________________

4) ______________________________

5) ______________________________

6) ______________________________

7) ______________________________

8) ______________________________

9) ______________________________

10) ______________________________

유용한 정보 Useful Information

받침은 '자음 + 모음' 글자를 쓴 후에 그 아래에 씁니다.

When you write a word that is made up with a consonant, a vowel and a consonant, you write the first consonant and vowel and then write the second consonant underneath the two characters.

학 생 운 동

예비 9

받침 2
Final Consonants 2

한국어의 받침 중에는 자음이 두 개인 경우가 있는데 이를 '겹받침'이라고 합니다. '겹받침'은 두 개의 자음 중 하나만 발음이 됩니다. 기본적으로 왼쪽에 있는 자음이 발음되고 예외적으로 겹자음 'ㄺ, ㄻ, ㄿ'만 오른쪽에 있는 자음이 발음됩니다.

Some final consonants are made up with two consonants, and these are called 'double final consonants.' However, only one of them is pronounced. In general, the consonant on the left is pronounced. However, there are some exceptions. In the case of 'ㄺ, ㄻ, and ㄿ', the consonant on the right is pronounced.

1. 잘 들으십시오.
Listen carefully.

24

여덟	닭

2. 듣고 따라 하십시오.
Listen and repeat.

25

받침 글자 Character	소리 Pronunciation	단어 Word
ㄳ	[ㄱ]	몫[목]
ㄵ	[ㄴ]	앉다[안따]
ㄶ		않다[안타]
ㄼ	[ㄹ]	넓다[널따]
ㄽ		외곬[외골]
ㄾ		훑다[훌따]
ㅀ		잃다[일타]
ㅄ	[ㅂ]	없다[업따]

받침 글자 Character	소리 Pronunciation	단어 Word
ㄺ	[ㄱ]	읽다[익따]
ㄻ	[ㅁ]	굶다[굼따]
ㄿ	[ㅂ]	읊다[읍따]

3. 글자를 만드십시오.
Make letters.

ㅁ	ㅗ	ㄱㅅ	→	몫	
ㅅ	ㅏ	ㄹㅁ	→		
ㅇ	ㅏ	ㄴㅈ	→		다
ㄴ	ㅓ	ㄹㅂ	→		다
ㅇ	ㅣ	ㄹㅎ	→		다
ㅇ	ㅓ	ㅂㅅ	→		다
ㅇ	ㅣ	ㄹㄱ	→		다

예비 10

종합 연습
Comprehensive Excercises

1. 잘 듣고 맞는 것을 연결하십시오. 26

Listen carefully and match.

아이 어요 아우 우유

어이 오이 아오

오유 여우 이유

2. 단어를 찾으십시오.

Find the words.

야구 구두 포도 의사 아빠 부엌 학생

듣	야	구	됴	릅	다	국	부
예	생	리	오	가	아	사	엌
학	쓰	자	포	갸	빠	구	녀
새	의	사	도	뷰	한	례	두

3. 잘 듣고 맞는 발음을 찾아 여행을 떠나십시오. 🎧 27

Listen carefully to the pronunciation and go on a trip by following the correct pronunciation.

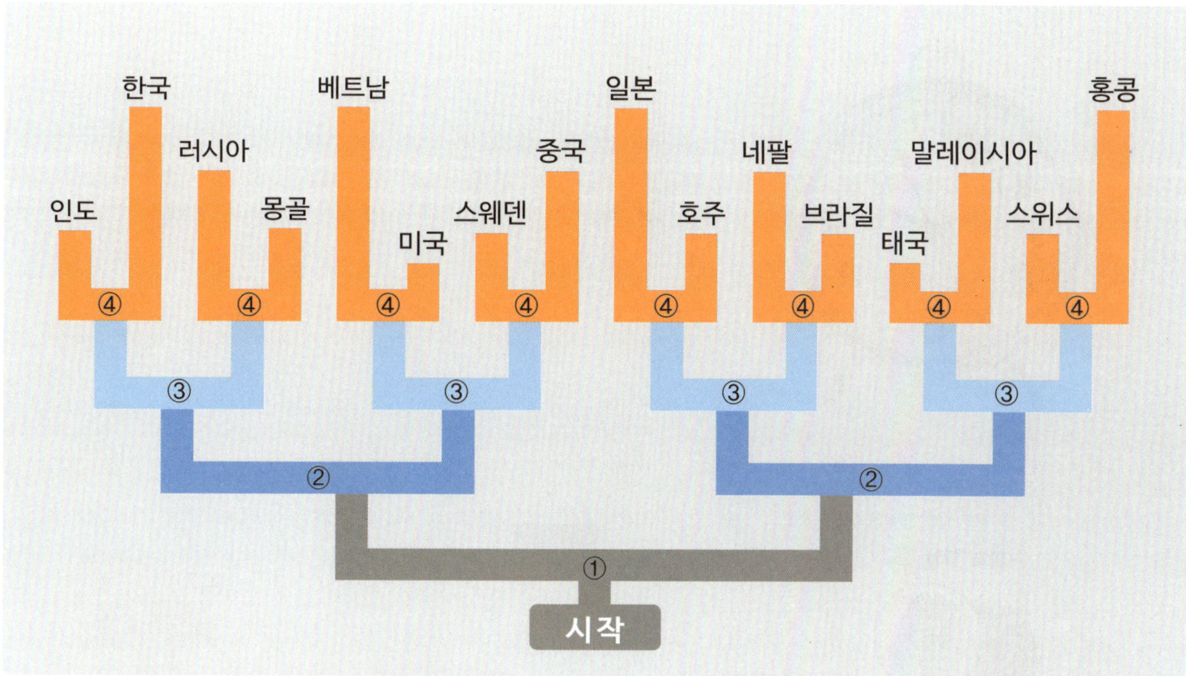

1)	왼쪽 left	오른쪽 right
①	우유	이유
②	다리	마리
③	발	팔
④	꽃	꼭

2)	왼쪽 left	오른쪽 right
①	가치	까치
②	다리	따리
③	파도	포도
④	기타	키타

4. 잘 듣고 맞는 것을 고르십시오. 🎧 28

Listen carefully and choose the correct one.

1) ① 달 ② 딸 ③ 탈

2) ① 발 ② 빨 ③ 팔

3) ① 자다 ② 짜다

5. 그림을 보고 자모 카드를 사용하여 단어를 만드십시오.

Look at the pictures and make words using Korean Alphabet Cards.

ㅅ ㅣ ㄱ ㅔ

1) 

2) 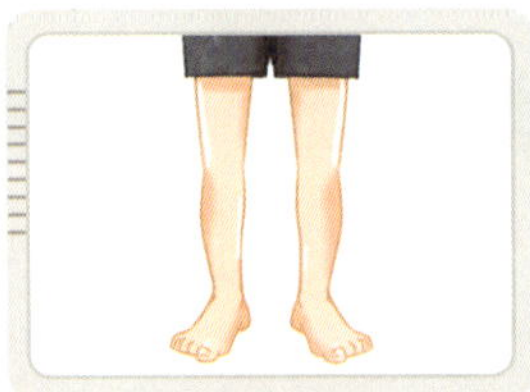

3) 

4) 

5) 

6) 

6. 알고 있는 단어를 사용해 빙고 게임을 해 보십시오.

Play a Bingo games using words you know.

1)

2)

준비 1 인사 · 교실 표현

Greetings · Classroom Language

1. 인사 Greetings

29

한국 사람들은 누군가를 만났을 때 "안녕하세요."라고 인사합니다. 이는 한국의 가장 기본적인 인사로 시간과 관계없이 사용할 수 있습니다. 또한 누군가와 헤어질 때에는 그 자리에 남아 있는 사람에게는 "안녕히 계세요."라고 말하고, 그 장소를 떠나는 사람에게는 "안녕히 가세요."라고 인사합니다.

When Koreans meet someone, they say "안녕하세요." This expression is the most basic greeting that can be used regardless of time and relationship. Also, when you leave, you say, "안녕히 계세요." to the person who stays in the place and "안녕히 가세요." to the person who leaves the place.

안	녕	하	세	요	.
안	녕	하	세	요	.

안	녕	히		가	세	요	.
안	녕	히		계	세	요	.

보통 누군가를 처음 만나면 "(만나서) 반갑습니다." 또는 "(만나서) 반가워요."라고 인사합니다. 그리고 친구나 가까운 사이의 사람들이 헤어질 때에는 "잘 가요." 또는 "내일 만나요."라고 할 수 있습니다.

When we meet someone for the first time, we say, "(만나서) 반갑습니다." or "(만나서) 반가워요." When we say good-bye to our friends or close people, we can say, "잘 가요." or "내일 만나요."

만 나 서 반 가 워 요 .

반 가 워 요 .

잘 가 요 .

내 일 만 나 요 .

한국에서는 누군가에게 실수를 했거나 다른 사람들에게 양해를 구할 때 "미안해요.", "죄송해요."라고 말합니다. 이때 대답으로 "괜찮아요."라고 할 수 있습니다. 그리고 누군가에게 도움을 받거나 고마운 마음을 전할 때에는 "고마워요." 또는 "감사해요."라고 합니다. 이에 대한 대답으로 "아니에요."라고 말합니다.

When we make a mistake or need to excuse ourselves, we say, "미안해요." or "죄송해요." In return, people say, "괜찮아요." When we get help or when we want to express gratitude, we say, "고마워요." or "감사해요." In return, people say, "아니에요."

미 안 해 요 .

괜 찮 아 요 .

고 마 워 요 .

아 니 에 요 .

2. 교실 표현 Classroom Language

한국어 수업 시간에 자주 사용하는 교실 표현은 다음과 같습니다. 🎧 30

Here are some classroom language expressions that we will use in class.

자리에 앉으세요.
Have a seat.

책을 펴세요.
Open the book.

여기 보세요.
Look at here.

읽으세요.
Read.

이야기하세요.
Talk with your friend.

쓰세요.
Write down.

잘 들으세요.
Listen carefully.

따라 하세요.
Repeat after me.

잘했어요.
Good job.

한국어로 이야기하세요.
Please speak in Korean.

알겠어요?
Do you understand?

네, 알겠어요. / 아니요, 모르겠어요.
Yes, I do. / No, I don't.

질문 있어요?
Do you have any question?

네, 질문 있어요. / 아니요, 질문 없어요.
Yes, I do. / No, I don't.

10분 쉬세요.
Let's take a 10-minute break.

숙제를 하세요.
Do your homework.

숙제를 주세요.
Hand in your homework.

수업이 끝났어요.
The class is over.

준비 2 교실 · 장소
Classroom · Place

1. 교실 Classroom

31

문	칠판	지우개	선생님
문	칠판	지우개	선생님

창문	책
창문	책

책상	공책
책상	공책

의자	볼펜	필통	연필
의자	볼펜	필통	연필

학생	친구	안경	모자
학생	친구	안경	모자

2. 장소 Place

1) 학교 안 Inside school

🎧 32

학교

학교

교실

교실

사무실

사무실

화장실

화장실

서점

서점

은행

은행

우체국

우체국

학생식당

학생식당

2) 학교 밖 Outside school

마트

마트

병원

병원

약국

약국

경찰서

경찰서

백화점

백화점

커피숍

커피숍

3. 그림을 보고 단어를 쓰십시오.

Look at the picture and write down the words.

ㅁ

ㅊ ㅁ

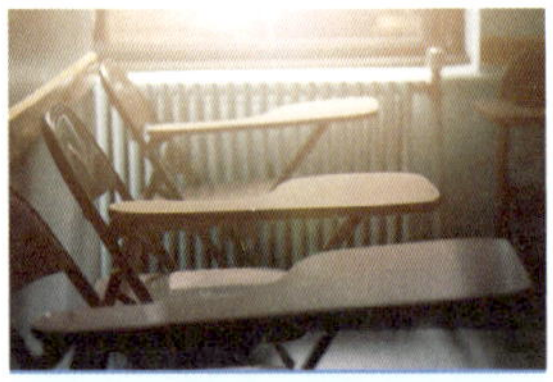

ㅊ ㅅ

ㅇ ㅈ

ㅅ ㅅ ㄴ

ㅎ ㅅ

ㅇ ㄱ

ㅇ ㅍ

ㅎ ㄱ

ㅎ ㅈ ㅅ

ㅅ ㅈ

ㅇ ㅎ

ㅂ ㅇ

ㅇ ㄱ

ㄱ ㅊ ㅅ

ㅂ ㅎ ㅈ

준비 3

한국
The Country of Korea

1. 한국의 지역 Places in Korea

33

서울	강릉
서울	강릉
인천	**대구**
인천	대구

대전	광주	제주도	부산
대전	광주	제주도	부산

2. 한국의 상징 Symbols of Korea

34

한강

한강

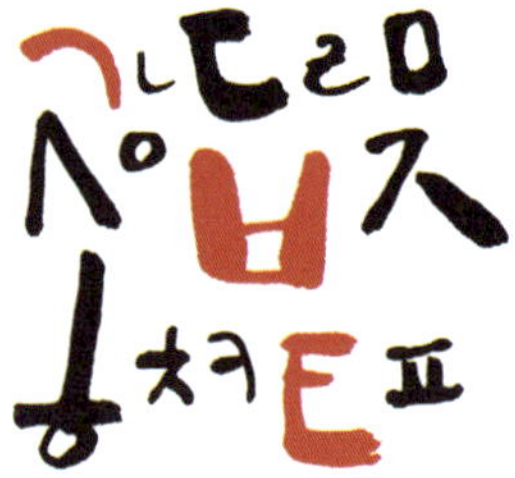

한글

한글

한복

한복

한옥

한옥

김치

김치

태권도

태권도

3. 그림을 보고 단어를 쓰십시오.

Look at the picture and write down the words.

ㅎ ㄱ

ㅎ ㅂ

ㄱ ㅊ

ㅌ ㄱ ㄷ

준비 4

얼굴 · 몸

Face · Body

1. 얼굴 Face

35

얼굴
얼굴

머리
머리

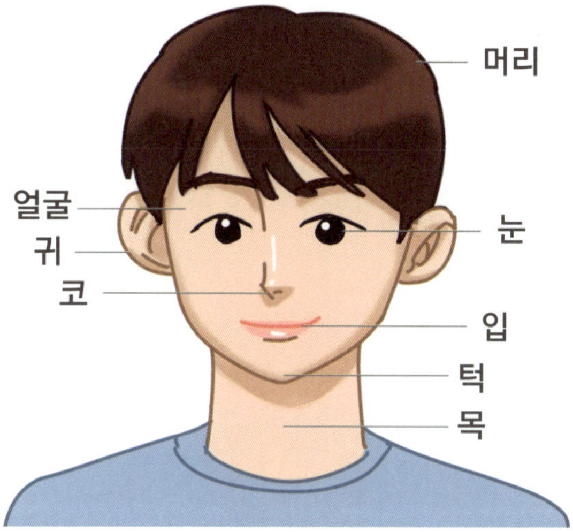

귀
귀

눈
눈

턱	코	입	목
턱	코	입	목

36

몸
몸

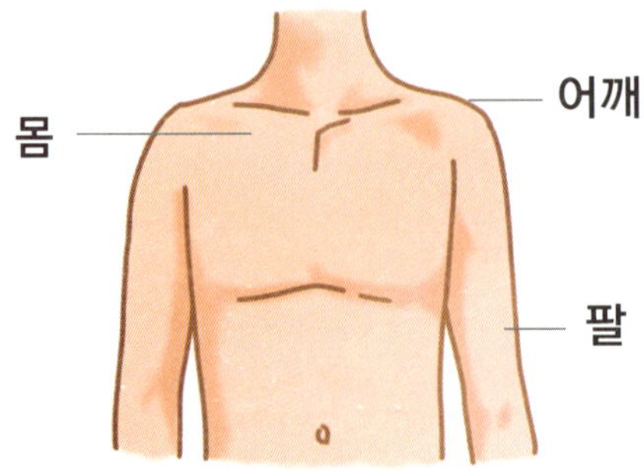

어깨
어깨

손
손

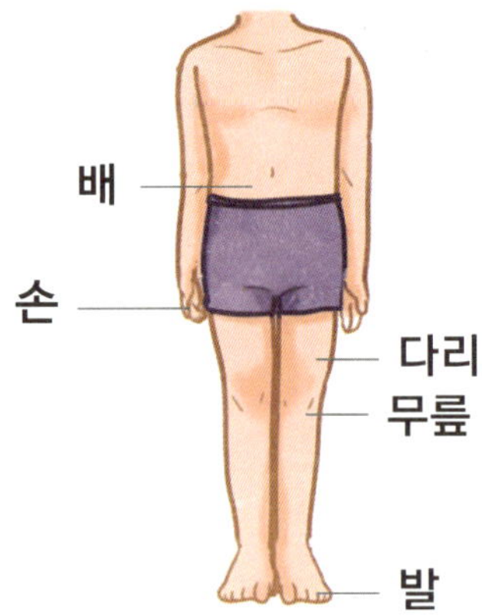

팔
팔

배	다리	무릎	발
배	다리	무릎	발

3. 그림을 보고 단어를 쓰십시오.

Look at the picture and write down the words.

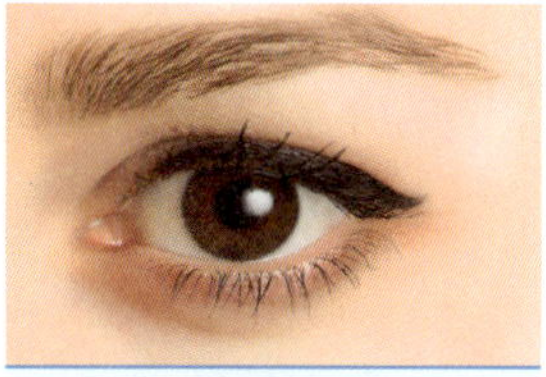

ㄴ

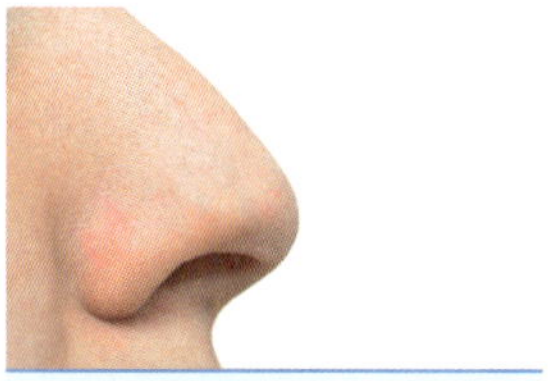

ㅋ

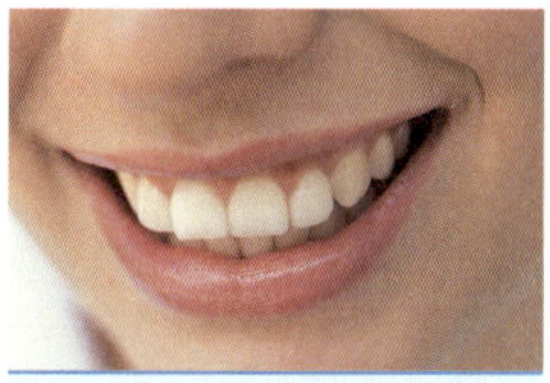

ㅇ

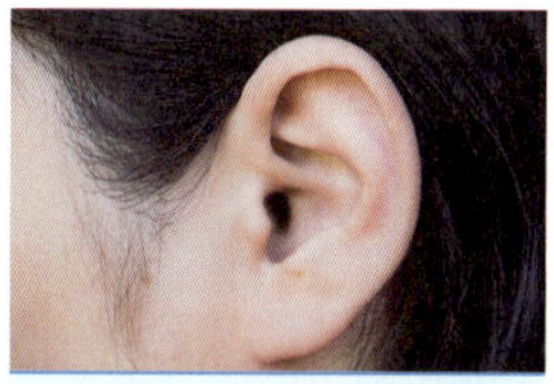

ㄱ

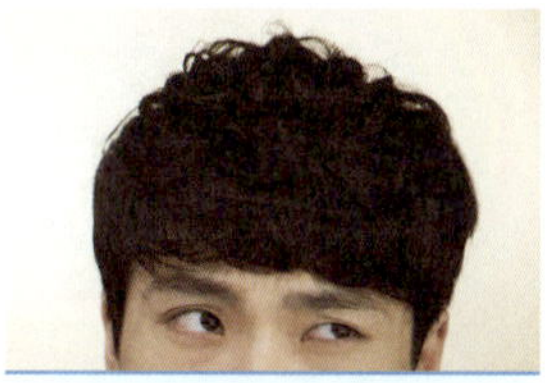

ㅁ ㄹ

ㅍ

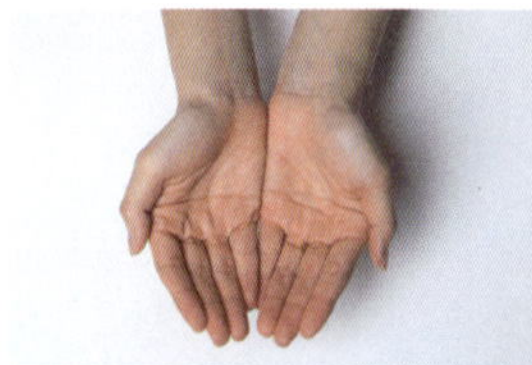

ㅅ

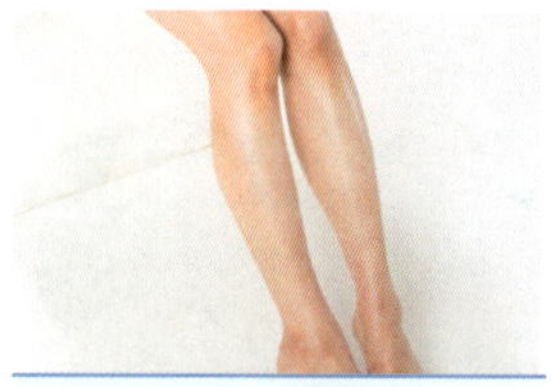

ㄷ ㄹ

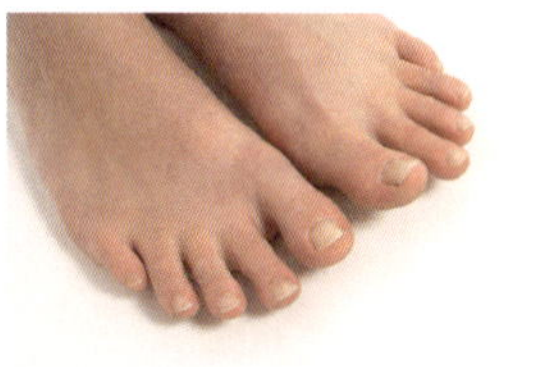

ㅂ

ㅇ ㄲ

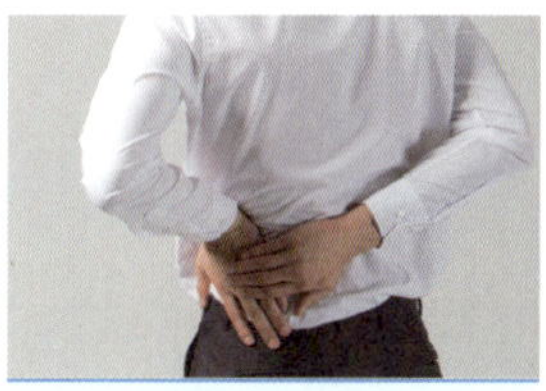

ㅎ ㄹ

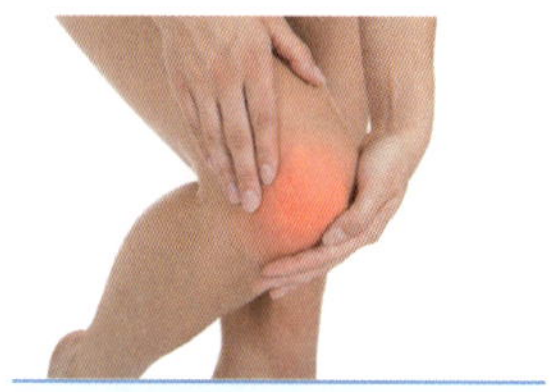

ㅁ ㄹ

준비 5

음식
Food

1. 과일 Fruits

37

과일

과일

귤

귤

배

배

딸기

딸기

사과

사과

수박

수박

포도

포도

바나나

바나나

2. 채소 Vegetables

38

채소

채소

감자

감자

당근

당근

배추

배추

버섯

버섯

양파

양파

오이

오이

고구마

고구마

3. 그림을 보고 단어를 쓰십시오.

Look at the picture and write down the words.

ㄱ

ㄸ ㄱ

ㅅ ㄱ

ㅅ ㅂ

ㅍ ㄷ

ㅂ ㄴ ㄴ

ㄱ ㅈ

ㄷ ㄱ

ㅂ ㅅ

ㅇ ㅍ

ㅇ ㅇ

ㄱ ㄱ ㅁ

준비 6

요일
Days of the Week

1. 요일 Days of the Week

39

1 일월

일요일	월요일	화요일	수요일	목요일	금요일	토요일
		1	2	3	4	5
6	7	8	9	10	11	12
13	14	15	16	17	18	19
20	21	22	23	24	25	26
27	28	29	30	31		

2. 단어를 읽고 쓰십시오.
Read the words and write them.

일요일	일요일	ㅇ ㅇ ㅇ	
월요일	월요일	ㅇ ㅇ ㅇ	
화요일	화요일	ㅎ ㅇ ㅇ	
수요일	수요일	ㅅ ㅇ ㅇ	
목요일	목요일	ㅁ ㅇ ㅇ	
금요일	금요일	ㄱ ㅇ ㅇ	
토요일	토요일	ㅌ ㅇ ㅇ	

3. 여러분이 가장 좋아하는 요일을 쓰십시오.
Write your favorite day of the week.

저는 ______________________ 을 좋아합니다.

준비 7

위치 · 지시어

Location · Deictic Words

1. 위치 Location

🎧 40

어떤 장소를 찾기 위해 길을 묻거나 몸을 움직이는 운동을 배울 때 알아야 할 말은 '위치'입니다. 기본적으로 필요한 위치 단어로는 '위', '아래', '옆', '오른쪽', '왼쪽', '가운데'가 있습니다.

When you try to find a place, or learn a sport that requires your body to move, you need to know 'location'. Basically location words are 'above', 'below', 'side', 'right', 'left' and 'center'.

2. 지시어 Deictic Words

41

한국어를 배울 때 한국어의 글자를 익힌 후에 가장 먼저 배우게 되는 것은 한국어 단어입니다. 실생활에서 접하는 물건이나 사람, 장소 등을 모국어로는 알지만 한국어로 모를 때가 있습니다. 모르는 대상을 질문하거나 대답할 때 지시어를 사용해서 이야기할 수 있습니다. 한국어 지시어에는 '이것(이거)', '저것(저거)', '그것(그거)', '여기', '저기', '거기'가 있습니다.

The first thing you will learn after learning the Korean characters is Korean words. You know how to say items for daily life, people, and places in your mother tongue, but you sometimes do not know how to say those in Korean. In this case, you can use deictic words to ask and answer items that you don't know. There are 'this thing', 'that thing', 'that thing or the thing', 'here', 'over there', and 'there' in Korean directives.

준비 8

숫자
Numbers

1. 숫자 Numbers

42

한국어의 수는 두 가지 체계가 있는데 하나는 한자어 수이고, 다른 하나는 고유어 수입니다. 주로 가격 등을 말할 때에는 한자어 수를 쓰고, 사람이나 물건의 수를 셀 때는 고유어 수를 씁니다.

먼저 한자어 수는 다음과 같습니다.

Korean numbers have two systems. One is Chinese characters and the other is native Korean. Use Chinese characters when talking about numbers, floors, dates, minutes, and prices, and use native words when counting or saying number of times.

First, the Chinese numbers are as follows.

1) 한자어 수 The Sino-Korean number

1	2	3	4	5	6	7	8	9	10
일	이	삼	사	오	육	칠	팔	구	십
일	이	삼	사	오	육	칠	팔	구	십

₩3,500 삼천오백 원

₩8,000 팔천 원

₩4,900 사천구백 원

2) 고유어 수 The native Korean numbers

고유어 수는 다음과 같습니다.

The native Korean numbers are shown below.

하나	둘	셋	넷	다섯	여섯	일곱	여덟	아홉	열
하나	둘	셋	넷	다섯	여섯	일곱	여덟	아홉	열

가: 이게 뭐예요?

나: 불고기예요.

가: 그럼 불고기 **하나**, 삼계탕 **하나** 주세요.

하	나	하	나

나: 네, 알겠습니다.

◎ 더 읽어 봅시다.

Let's read more words.

가방	바지	비누	우산
Bag	Pants	Soap	Umbrella
운동화	칫솔	컵	휴지
Sneakers	Toothbrush	Cup	Waste paper
김밥	냉면	떡볶이	불고기
Gimbap	Naengmyen	Tteokbokki	Bulgogi
비빔밥	삼계탕	주스	커피
Bibimbap	Samgyetang	Juice	Coffee
배	버스	비행기	열차
Ship	Bus	Airplane	Train
오토바이	자전거	지하철	택시
Motorcycle	Bicycle	Subway	Taxi
가수	간호사	경찰관	디자이너
Singer	Nurse	Police	Designer
미용사	배우	소방관	엔지니어
Hairdresser	Actor	Firefighter	Engineer

요리사	운동선수	화가	회사원
Chef	Athlete	Painter	Company employee
골프	농구	등산	볼링
Golf	Basketball	Mountain climbing	Bowling
수영	스키	축구	테니스
Swimming	Ski	Soccer	Tennis
공원	공항	기숙사	도서관
Park	Airport	Dormitory	Library
미용실	영화관	운동장	편의점
Hair salon	Cimema	Playground	Convenience store
부모님	아버지	어머니	남편
Parents	Father	Mother	Husband
아내	언니 | 누나	오빠 | 형	동생
Wife	Older sister	Older brother	Younger brother/sister

준비 9 한국어 문장의 기본 구조

The Basic Structure of the Korean Sentences

1. 한국어 문장 Korean Sentences

한국어 문장의 기본 구조는 '주어+서술어' 또는 '주어+목적어+서술어'입니다. 한국어 문장에서는 명사 뒤에 주격 조사 '은/는', '이/가'나 목적격 조사 '을/를', 소유격 조사 '의' 등을 써서 그 명사의 역할을 나타냅니다. 그리고 문장의 서술어 부분에 명사 뒤에는 '입니다' 또는 '이에요/예요' 등을 쓰고, 동사의 어간 뒤에는 '-습/ㅂ니다', '-아/어요' 등으로 바꾸어 사용합니다.

The basic structure of Korean sentences is 'subject+predicate', or 'subject+object+predicate.' Use the nominative particle '은/는', '이/가', objective particle '을/를', and the possessive particle '의' after nouns to indicate the roles of the nouns. Use '입니다', or '이에요/예요' after nouns and '-습/ㅂ니다', '-아/어요' after the stems of verbs.

- **저는 레아입니다.** I'm Lea.
- **동생이 학생이에요.** My younger brother/sister is a student.
- **저는 봄을 좋아합니다.** I like spring.

저	는		레	아	입	니	다	.

동	생	이		학	생	이	에	요	.

저	는		봄	을		좋	아	합	니	다	.

공식적인 상황에서 말할 때나 글을 쓸 때에는 이러한 조사와 어미를 생략하지 않습니다. 그러나 비공식적인 상황에서는 생략할 수 있습니다.

When you speak in a formal situation or write a formal letter or email, you do not omit particles and ending words. However, you can omit them in informal situations.

- **저는 한국어를 공부합니다.** I study Korean.
- **가: 무엇을 공부해요?** What do you study?
  나: 한국어 공부해요. I study Korean.

저	는		한	국	어	를		공	부	합	니	다	.

무	엇	을		공	부	해	요	?
한	국	어		공	부	해	요	.

마지막으로 명사나 동사를 수식하는 말은 명사나 동사 앞에 쓰입니다.

Words that modify a noun or a verb are used before a noun or a verb.

- **저는 한국어를 공부해요.** I study Korean.
  저는 재미있는 한국어를 공부해요. I study interesting Korean.
- **저는 한국어를 공부해요.** I study Korean.
  저는 한국어를 열심히 공부해요. I study Korean hard.

저	는		한	국	어	를		공	부	해	요	.						
저	는		재	미	있	는		한	국	어	를		공	부	해	요	.	

저	는		한	국	어	를		공	부	해	요	.					
저	는		한	국	어	를		열	심	히		공	부	해	요	.	

준비 10

종합 연습

Comprehensive Excercises

1. 여기는 어디입니까? 여기에 무엇이 있습니까? 〈보기〉에서 찾아 쓰십시오.

Where is this? What is there? Choose words from the box and write them.

보기					
책	칠판	포도	바나나	지우개	버섯
딸기	오이	양파	사과	고구마	필통

1) 교실

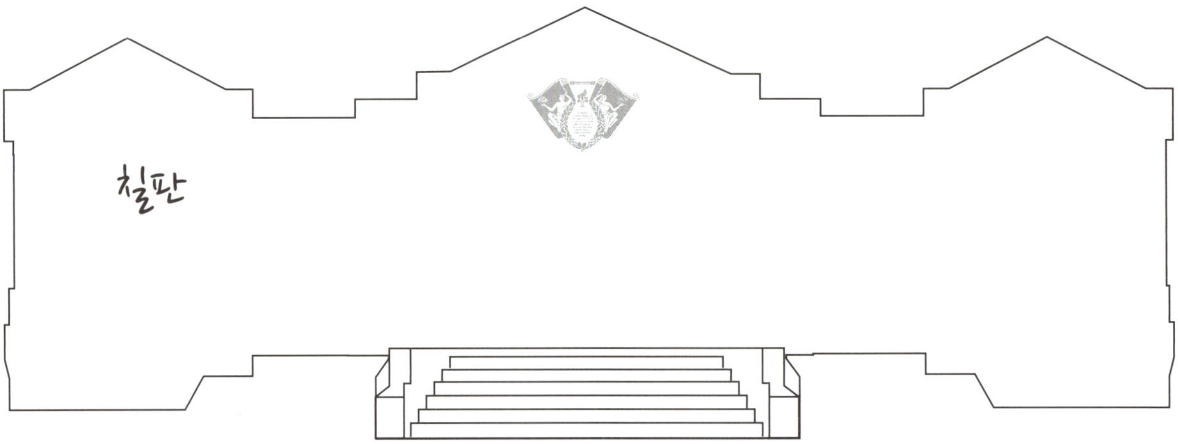

2) 슈퍼마켓

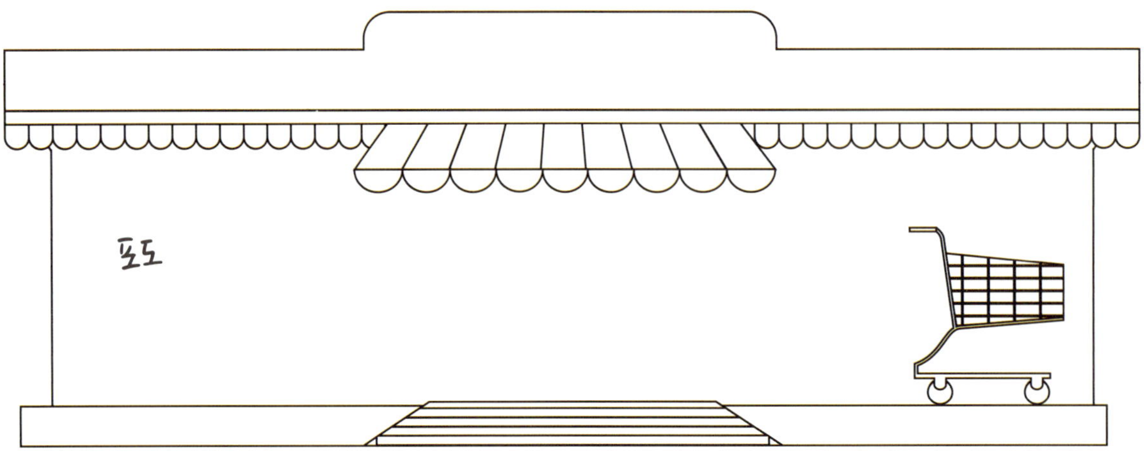

2. 다음 글자로 단어를 만들어 보십시오.

Write words that you can make with these letters.

1)

	한강	
한		한

2)

	머리	
리		리

3)

일		일
일	월요일	일
일		일

3. 어디에 가고 싶습니까? 친구와 같이 이야기하십시오.

Where do you want to go? Talk with your friend.

부록

생활 한국어
모범 답안
자모 카드

생활 한국어
Daily Korean

한국에 처음 왔거나 한국에서 짧은 여행을 할 때 한국어를 몰라서 곤란한 경우가 많습니다. 보통 음식점에서 주문할 때, 쇼핑할 때가 그렇습니다. 하지만 이것만 알면 한국 생활이 가능합니다.

When you first come to Korea or when you have a short trip to Korea, you can face embarrassing situations because you don't know any Korean, especially in a restaurant or a shopping mall. However, if you know these expressions, you will have no problem.

1. 음식점에서 주문할 때 When you order food

- **이거 주세요.** I will have this.

이	거		주	세	요	.

- **이거 매워요?** Is this spicy?

이	거		매	워	요	?

- **이거 못 먹어요.** I don't eat this.

이	거		못		먹	어	요	.

- **이거 빼 주세요.** Please take this out.

이	거		빼		주	세	요	.

- **다시 한번 이야기해 주세요.** Can you repeat that again?

다	시		한	번		이	야	기	해		주	세	요	.

2. 쇼핑할 때 When you shop

- **저기요.** Excuse me.

저	기	요	.

- **이거 얼마예요?** How much is this?

이	거		얼	마	예	요	?

- **좀 비싸요.** It's expensive.

좀		비	싸	요	.

- **다시 올게요.** I will come back.

다	시		올	게	요	.

- **저거 하나 주세요.** I'll take one.

저	거		하	나		주	세	요	.

모범 답안
Answer Sheet

예비2 모음 1

5. 잘 듣고 맞는 것을 고르십시오.
   1) ① 아
   2) ② 우
   3) ① 으
   4) ③ 어
   5) ① 이
   6) ③ 오이

예비3 자음 1

4. 잘 듣고 맞는 것을 고르십시오.
   1) ② 모
   2) ① 누
   3) ③ 라
   4) ③ 서
   5) ② 대
   6) ① 귀
   7) ② 아래
   8) ① 다리
   9) ① 머리
   10) ① 비누

예비4 모음 2

5. 잘 듣고 맞는 것을 고르십시오.
   1) ② 여
   2) ① 요
   3) ③ 볘
   4) ② 뉴
   5) ③ 류
   6) ② 유리

예비5 자음 2

4. 잘 듣고 맞는 것을 고르십시오.
   1) ① 초
   2) ③ 쿠
   3) ③ 해
   4) ① 자다
   5) ② 기타

예비7 자음 3

4. 잘 듣고 맞는 것을 고르십시오.
   1) ② 까
   2) ① 뒤
   3) ① 아빠
   4) ② 싸다
   5) ② 짜다

예비8 받침 1

4. 잘 듣고 맞는 것을 고르십시오.
   1) ③ 각
   2) ① 낮
   3) ③ 섬
   4) ② 밖
   5) ① 옷
   6) ① 가방
   7) ① 사전
   8) ① 지갑
   9) ② 감기
   10) ② 학생

5. 잘 듣고 쓰십시오.
   1) 가족
   2) 한국
   3) 눈
   4) 옷
   5) 듣다
   6) 살다
   7) 물
   8) 이름
   9) 집
   10) 선생님

예비10 종합 연습

1. 잘 듣고 맞는 것을 연결하십시오.

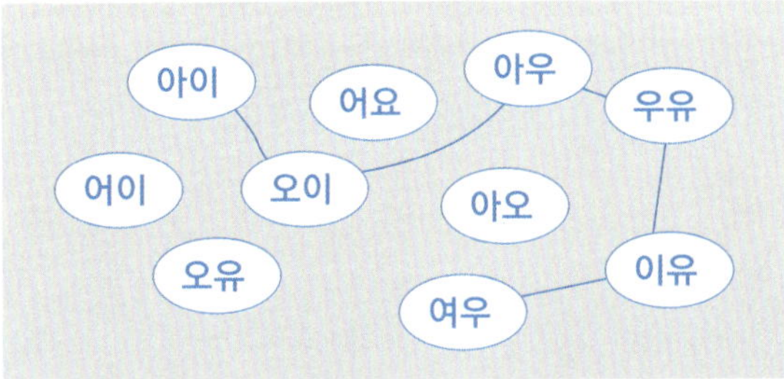

2. 단어를 찾으십시오.

듣	야	구	됴	름	다	국	부
예	생	리	오	가	아	사	엌
학	쓰	자	포	갸	빠	구	녀
새	의	사	도	뷰	한	례	두

3. 잘 듣고 맞는 발음을 찾아 여행을 떠나십시오.

1) ① 이유
   ② 다리
   ③ 발
   ④ 꼭
   답: 호주

2) ① 까치
   ② 다리
   ③ 포도
   ④ 기타
   답: 네팔

4. 잘 듣고 맞는 것을 고르십시오.

1) ③ 탈
2) ① 발
3) ② 짜다

준비10 종합 연습

1. 여기는 어디입니까? 여기에 무엇이 있습니까?
   〈보기〉에서 찾아 쓰십시오.

1) 칠판, 책, 지우개, 필통
2) 포도, 바나나, 버섯, 딸기, 오이, 양파, 사과, 고구마

2. 다음 글자로 만들 수 있는 단어를 만들어 보십시오.

1) 한강, 한글, 한복, 한옥
2) 머리, 허리, 다리
3) 월요일, 화요일, 수요일, 목요일, 금요일, 토요일, 일요일

자모 카드

Korean Alphabet Cards

1. 자음 Consonants

ㄱ	ㄴ	ㄷ	ㄹ
ㅁ	ㅂ	ㅅ	ㅇ
ㅈ	ㅊ	ㅋ	ㅌ
ㅍ	ㅎ	ㄲ	ㄸ
ㅃ	ㅆ	ㅉ	

2. 모음 Vowels

ㅏ	ㅓ	ㅗ	ㅜ
ㅡ	ㅣ	ㅐ	ㅔ
ㅚ	ㅟ	ㅑ	ㅕ
ㅛ	ㅠ	ㅒ	ㅖ
ㅘ	ㅙ	ㅝ	ㅞ
ㅢ			

POSTCARD

보내는 사람 From

주소 Address

받는 사람 To

주소 Address

POSTCARD

보내는 사람 From

주소 Address

받는 사람 To

주소 Address

경희대학교
KYUNG HEE UNIVERSITY
KHU

경희대학교
KYUNG HEE UNIVERSITY
KHU